창조문학대표시인선 · 308

돋아나고 피어나는 말

김 수 용 시집

창조문학사

□ 서문

2025년형 꽃들이 피어나는 계절
때때로 새롭게 피어나고 싶은 "시"로
밑 줄 긋던 삶에 호흡을 불어넣던 순간들,
한권 시집으로 한 발자욱 띄어봅니다.
오늘 하늘이 푸르러서 감사합니다.
버팀목이 되어주신 어머니의 크신 사랑에
이 시집을 바칩니다.

시집을 펴내며
2025년 5월 30일
김수용

돋아나고 피어나는 말
김 수 용 시집

차례

□ 시인의 말

1

입산 ······· 11
달맞이꽃 ······· 12
계류유산 ······· 13
박주가리 ······· 14
인연 ······· 15
마임축제 ······· 16
망초꽃 ······· 17
봄 ······· 18
어둠 속으로 ······· 19
까치눈 ······· 20
어둠속에서 ······· 21
개구리소리 ······· 22
사랑 ······· 24
전쟁 ······· 26
비누 ······· 28
작은 예배당 ······· 29
까마귀 소리 ······· 30
폐쇄 ······· 32
안개 ······· 33
가을 ······· 34

돋아나고 피어나는 말
김 수 용 시집

2

호박을 안치다 ……… 37
12월 ……… 38
남대봉 가는 길 ……… 39
탯줄 ……… 41
바다 ……… 42
감자 ……… 44
담쟁이 ……… 45
오래된 컴퓨터 ……… 46
투명한 날의 단상 ……… 48
차 ……… 49
곤드레 밥 ……… 51
익모초 ……… 52
달개비 꽃 ……… 53
복수초 ……… 54
박씨 아저씨 ……… 55
핸드폰 ……… 57
고비 ……… 58
갯여울 ……… 59
송진 ……… 60
공원묘지 ……… 61

돋아나고 피어나는 말
김 수 용 시집

3

어머니 ……… 65
묵묘 ……… 66
눈 ……… 68
편지 ……… 69
천둥번개와 폭우사이 ……… 70
어느 할머니의 고백 ……… 71
공원묘지에 걸린 프랑카드 ……… 72
응복산 ……… 73
리모델링 ……… 75
불씨 ……… 76
지주막하 출혈 ……… 78
자작나무 ……… 79
너 ……… 80
산책 ……… 81
낚시 ……… 83
도시락 봉사 ……… 84
낙엽 ……… 85
어쩌다 문득 ……… 86
목욕 ……… 87
빗소리에 갇히다 ……… 89

돋아나고 피어나는 말
김수용 시집

4

기억속에서 실종된 비밀번호 ······· 93
치악산 ······· 94
지진 ······· 95
강 하나 사이에 두고 ······· 96
고향 ······· 97
날개 ······· 98
춘곤증 ······· 99
굿모닝 원룸 ······· 100
꽃 ······· 101
꽃송이 버섯 ······· 102
지지대 ······· 103
강물 ······· 104
그림자 ······· 105
뽕잎 ······· 106
시위 ······· 107
독립하는 딸에게 ······· 108
노구 ······· 109
물푸레나무 ······· 111
오피스텔 복도에 핀 우산꽃 ······· 113
능이 1 ······· 114
능이 2(두드러기) ······· 115

1

입산

여기에 오신 것을 환영합니다
그물로 갓 건져 올린 생선처럼 팔딱거리던 생 꿀꺽 삼킨다
질긴 살갗과 억센 뼈가 감싸고 있는 딱딱한 마음 한 조각
온전히 소화하려면 세월이겠지만
그에게로 들어가 곰삭기를 기다린다
곰삭는다는 건 날것을 버리고 뻣뻣함을 버리는 일
나무숲 지나 바위틈 지나 알 수 없는 기운에
풀리고 부드러워져
말랑해진 마음 한 조각 햇덩이처럼 밀어 올리는 일
양지꽃 붓꽃 나리꽃 피는
푸른 산으로 사는 일

달맞이꽃

마음의 빈터에
달이 뜨면
너도 핀다

강가에 나가 앉아도
길을 걸어도
무장무장 피는꽃

그리워
달속에 피는 꽃
달맞이꽃

계류유산

너를 탐했으나
온전히 받아들이지 못해
하나 되지 못하고
가슴앓이만 앓는다
머리부터 발끝까지 너를
해석하고 이해하기에 버거워
노랗게 피었다
하얗게 야위다
어질머리 앓다
끝내 너를 놓친다
서천서역국으로 길 떠나는
바리데기 공주의 간절함이
없었던 걸까
온몸으로 너를 살지 못해
성체를 이루지 못하는구나
미안하다 미안하다
멀어져간 시여

박주가리

새를 부르고
벌레도 불러 모았을 몸
바람에 깃털로 날릴 때
여기저기서 보았다는 풍문
구름으로 떠돌았다네
밤하늘 가르는 유성에도
가슴은 쩍 금이 갔다네
여름 지나 가을
바싹바싹 타들어 가던 시간
허공 딛고 가다
놓아버린 생
낡은 옷 한 벌로 돌아온
가장의 부재
오열했을 가족의 슬픔
겨울지나 봄빛에 전해 듣다알았네
생은 견뎌 내야만 하는 것, 반드시
내 몸도 내 몸 아닌 것을

인연

새벽시장에서 모셔 온 배춧잎 다듬다
툭 떨어진 달팽이
젖 떨어진 간난쟁이 같다
받들어 보니 뱃속까지 투명하다
어쩌다 내게 온
어린 생명
배추 먹고 배추 똥
상추 먹고 상추 똥
너를 중심으로 식구들 모이고
도란도란 눈 맞추며
엄동설한 북풍한설 지나갔다
꽃샘추위 지나고
달팽이 집 단단해지면 보내야 하리
네 기억 속 텃밭 푸르게 손짓할 때

마임축제

산정 높이 올라가
나무들의 말을 본다
말없이 말건네는
무언의 몸짓
세월 가둔 나무마다
쭉쭉 뻗은 나뭇가지
싱그러운 푸른 잎
향기로운 꽃
누군가를 위문하기 위해
돋아나고 피어나는 그들 말에
벌 나비 날아오고
새들이 깃들인다
마임 축제
말없이 온몸으로 말하는 무대
소리 없는 몸짓 하나하나 메아리 되어
쉼 되고 생기 되는
세상 다 알도록 향기 되는 말, 말

망초꽃

개구창에도
묵정밭에도
무너져 내린 비탈길에도
살아가는 망초대를 보라

돌짝 성근 가시밭에도
망초꽃은 피어난다

벌, 나비는
화려한 꽃에만 앉는 줄 알았더냐

척박한 세상 뿌리로 움켜쥐고 피어난
망초꽃에도
벌, 나비는 날아들더라
하얗게 웃을 때가 있더라

봄

참을 수 없는 웃음으로 꽃들은 피어난다
봄이면 바다 건너 산과 들에서
꽃들의 웃음 소리가 들린다
생강나무가 노오랗게 웃는다
진달래 웃음 골짜기마다 붉다
길가 제비꽃 웃음 보라빛이다
신생의 웃음이다
활짝 피는 신생의 웃음 앞에 굳은 마음 녹고
웃음소리 번져 소백산맥 태백산맥 험산준령 넘는다
꽃들의 웃음, 이것이 꽃들의 즐거움이다
천지를 뒤흔드는 웃음 속으로 나도 들어선다

어둠 속으로

각혈한다고 했다. 온몸 쥐어짜며 암꽃은 피돌기로 번지고 목숨은 고양이 심줄처럼 이어지고 있다고, 외로움은 몸속에 독버섯을 키웠다고, 산다는 건 무엇이든 먹고 싶은 것인지 보리밥에 된장 썩썩 비벼서 먹고 싶다고, 보따리 보따리 싸 들고 찾아간 병실 한 쪽 고무호수 옆구리에 박은 고로쇠나무처럼 가벼워지는 몸, 우묵해진 눈 뼈마디만 앙상한 딸 들여다보다 시어머니 선 채로 젖는다. 산 능선 저편으로 검붉게 타는 석양 울컥 각혈한다.

까치눈

어릴 적, 엄지발가락 구부리면 움푹 들어가는 지점
에 새 한 마리 살았지
날개 돋친 듯 휘돌아 치며 쪼아대던 봄 햇살
대구름 지나 산작약꽃 피어나는 방아 산까지
한 바퀴 돌아와 날개 접는 해질녘이면
정지 앞에 달래 냉이 씀바귀 수북이 쌓였지
피곤함에 절어 절뚝이는 발 두 손에 감싸면
살갗 찢고 붉은 눈뜨는 까치눈
까치 눈에 흐르는 핏물 닦으며 까치눈 앓았는데
할아버지 뒷산에 붉나무 베어다
붉나무 진액 까치 눈에 넣어주시곤 했지, 어릴 적
엄지발가락 구부리면움푹 들어가는 곳에 살던 새 한
마리
까치눈 붉은 눈

어둠속에서

치악산 자락

어둠에 둘린 아파트 14층

노을 가시면

베란다 창문을 연다

아파트 사이사이 낮은 지붕 너머

논둑 저편에서

물꽃처럼 쏟아지는

개구리 소리

그대 돌아오는 길

불빛이 영산홍처럼 피어난다

살아있음에 감사할 때

번뜩이는 기억들은

개구리 소리였다

영산홍 불빛이었다

개구리소리

산 밑에 김 씨네 집 등불
유난히 밝다
막내가 오려나 보다
산그늘 깊어지자
개구리울음
아파트 창문을 뛰어넘는다
내가 읽는 책 속을 헤집고 다니며
까만 글씨들을 흩어 놓았다
그냥 개구리울음에 귀 기울이기로 했는데
밖에는 비가 내리는지
젖은 길 달리는 차 소리에
개구리소리가 잘려 나가곤 한다
소리에소리가 잘려 나가다니
창문 열고 내다보니
산 아래 김 씨네 집 등불이
물감처럼 번진다
아직 막내는 오지 않았나 보다

산개구리들이 또 울기 시작했다
목청 돋우지 않으면
어떻게 짝을 찾을 수 있을까
목이 터져라
개구리 소리 왕왕거리는 밤이었다

사랑

오월 하늘 자락 접고 접어
수줍은 웃음으로 피어난 장미
빨 간 립스틱에 비춰 목걸이하고
집을 나서는 여자처럼
바람에 스치는 향기 달콤하더니
짙은 안색으로
번져가는 녹음
내 기억 속 스물한 살 기차역에
바람이 머물고 간 자리
사랑이 별처럼 돋아났다
조용히 눈 감으면
가슴 속 깊은 곳엔 유성우처럼
그리움이 내리고
아아, 당신의 이름으로 나의 젊음이
망울망울 맺혀서
푸른하늘 딛고 가는 발자국 마다
피어나는 장미여

내 가슴에 추억을 수놓으며
오월은 지금 사랑 속에 꽃피고 있다

전쟁

할머니는
어깨가 시려서
담요를 뒤집어 쓰신다

포성 속에 또 한 생명이
울음을 터트리고
피 비린내도 거두지 못했는데
벌떼 되어 몰려오는
인민군들
바위 동굴 속
박쥐처럼 몸 붙박히고
아이를 끌어 안아야했던 어깨
무수한 세월 속에서도
할머니가 맞은
벽 바람은
잊을 수 없는 전쟁이다

할머니는 자꾸만
담요를 뒤집어쓰신다

비누

가만히 앉아 있어도
땀방울 맺히는 더위 씻어내다
문득
한번왔다 가는 생
비누만큼 단단한 각오를 한
사람은 얼마나 될까

제 몸 씻은 후에야
젖어 들어 다른 사람도 씻을 수 있다는 걸
번들거리고 끈적이는 기름때로
물처럼 흘러온 것을

풀어진 마음 단단함으로 조였을 때
향기로운 생으로 풀리며
가벼워진다는 것을

작은 예배당

마을 속 작은 예배당은 아직도 그대로다
하마 수많은 목회자가 떠나고 돌아오고
사람들은 순서 없이 이승 떠나 어디론가 이사 갔다
더러는 실패하고 상처받은 사람들이
흘러 흘러 들어와 둥지를 틀었다
소를 몰며 밭 갈던 구성진 노랫소리
동네 사람들 돌아가며 모내기하던 정경 사라지고
고랭지 배추 무우 감자 고추 더덕으로
생을 이어가는 사람들 얼굴엔 노을도 구리빛으로 물든다
하루를 부린 고단함으로 집마다 하나둘 불빛 삼키면
사람들 꿈길엔 별빛이 뿌려진다
하늘 종소리 듣고 사셨다는 어머니 따라
새벽 예배당에 나가 머리 숙이고 있노라면
고단함에 눌린 사람들 일어서지 못했는지
개구리가 목숨 걸고 기도한다
뻐꾸기 찬송 소리 이산 저산 울려 퍼지고
문밖 다소곳한 꽃송이 눈물 떨구고 있다.

까마귀 소리

까- 옥 까- 옥
까마귀야 울지마라
너는 네소리 낸다 하지만
신새벽 나가 어둑어둑
돌아올줄 모르는
그 인간
어디에서 거나하게 술취해
놀음판에 휘말리지 않았나
돌부리에 구르지 않았나
근심이란다
까옥까옥 까마귀야
너는 네소리 낸다 하지만
좌정하지못하고
동구밖 서성이는 마음
까- 옥 까- 옥
네소리 근심이란다

폐쇄

칼바람에 얼얼한 볼 두 손으로 감싸며
동사무소에 간다
딸이라는 이유로 본적을 말하고
바코드 같은 주민등록 번호 대니
세상없는 아버지 문을 연다
몇 겹의 문 지나 환청이 들린다
아빠가 사랑해-----안부 묻는 시집간 딸에게
아빠가 사랑해------말 한마디 가슴에 눈물주머니
로 매달아 놓고
아카시아꽃 향기 하얗게 번질 때
아들바위앞 강물에 생의 마침표 찍으며
폐쇄된 아버지의문
그 앞에 서면
세상 모든 일이 무죄인 것 같아
해마다 5월이면
아카시아 꽃잎 분분하겠고
가슴에 부딪쳐 돌아올 아버지의 붉은 메아리
내 사는 동안 폐쇄되지 않을

안개

치악산 정상에 우뚝 서보리라
우르르 몰려가는 얼굴들
구룡사 지나 사다리 병창 쪽으로 발걸음 옮긴다
숨차게 오르기만 하던 길 돌아보니
이른새벽 구름이 산란한 빗방울들 머리 풀고 일어나
치악산 온몸으로 녹이며 삼키는 안개가 되었다
사람들은 이미 안개의 내장 속을 걷고 있다
손짓하는 손에도
둥둥 떠다니는 발에도
말소리에도 안개가 묻어난다
정상으로 오르는 길은 자주 안개에 휩싸인다
안개 속에서 일어나는 안개의 음모로
뒤처진 사람이 앞서가고 앞서가던 사람이 뒤처진다
발 삐긋 헛디디는 날엔 천 길 낭떠러지로 추락한다
사람들 딛고 서 있는 모든 것이 허공인 듯 불안한데
거 누구 없소
안개 저편 햇덩이 꺼내 훅하고 입김 불어줄

가을

내장산 단풍보다 붉게 타오르는가 하면
등줄기에 찬물 끼얹는 서늘함에 진저리 치다
까칠해지는 안색
달 수 없는 시간의 중량감에
외곽을 달리다 접어든 카페 벤치에 앉아
호수 위에 찍히는 바람의 발자국 날아오르는 물오리 떼
물살에 밀리는 빈 배 바라보다
산다는 것은 가벼워지기 위해 앓는 몸살이구나
새처럼 바람처럼 가벼워지기 위한 나무들의 몸부림으로
저 산은 온통 붉게 물드는구나
우울함을 묶어 호숫가 빈 배에 띄우고
돌아오는 길, 먼드래재 넘다 만났던 코스모스가 가슴속에 무더기로 피어나

2

호박을 안치다

맞물로 딴 호박이여 단단하게 여물었으니 두었다 약에 쓰거라
지난해 어머니가 건네주신 호박 단단하다기에 단단한 줄 알고
베란다에 방치했다 겨울지나 봄에 보니
단단한 호박도 알게 모르게 상처가 있었나보다
부딪치고 멍든 곳에서 상처는 시작되는 걸까
무관심에서 시작되는 걸까
무언의 시간 여기저기 저승꽃처럼 피네
호박을 솥에 안치며
제 몸속에서 싹 틔우던 호박
어머니를 생각한다.

12월

그대
떠나가는 등 뒤에서
싸늘한 손잡아 무엇 할까
막다른 길에서 돌아서
터덜터덜 걸으며
마음 찢고 후회해도
저만치 떠나버린 막차 세울 수 없다
삶의 순간순간이 꽃봉오리였음을
뒤돌아보고 깨달았을 때
절벽 아래로 몸 던져
통곡하는 폭포가 된다 해도
때는늦으리
내 탓이오, 내 탓이오
떠나가는 그대 안녕하고
어둠 툭툭 털며 새벽을 연다.

남대봉 가는 길

언뜻언뜻 보였지

뱀딸기 빨갛게 익고

칡꽃 향기 몽롱한 길

이쯤에서 슬쩍 자취를 감추었지

오래 묵은 여우 홀리듯

산 굽이굽이

푸른 숲 밖으로 빠져나온 흰 꼬리

하늘이 수문 열고 방류할 때

온몸 씻으며 꺼내놓는다지

밤이면 어둠 찢고

내려다보는 별들의 숨소리

나뭇잎 갈피마다 들썩거리는 곳

사람들은 저마다

저곳에 머물고 싶어

하룻길마다 앓고 찾아온다지

반쯤 돌아앉은 치악산

사방으로 열린 능선 꿈틀거리며

몰려오면,

잇속 환한 얼굴로

물 꼬리 말아쥐고 있다지

탯줄

겨울 난 배추 다듬다
어미닭이 날개아래 품은 병아리처럼
제 배속에 알 슬어 부화시키는 물고기처럼
겹겹이 두른 배춧잎마다 돋아난 어린 배추
어린 배추에게 몸 내주고 배추는 노랗게 웃는다
어머니가 어머니인 것처럼 내가 어머니인 것처럼
저 끊을 수 없는 탯줄

바다

들는다, 바다는
태평양을 달리던 폭풍우와 우레
솜사탕처럼 녹는 흰 눈의 속삭임,
마음 훑고 지나가는 멸치 떼들의 이야기와
물살 타고 들려오는 새들의 새 울음
듣는다. 바다는
도심 질러온 어둠이
부패한 호수에 몸 섞었던 강물이
산골짜기 거슬러 가며 맑아지던 시간과 여정을
들을 뿐이다 바다는
깊이, 멀리 에둘러
뼛가루 안고 흐르는 물
눈물 꽃으로 전송하던 사람들에 대해
말하지 않아도 들을 줄 안다
듣고 받아줄 뿐이다. 바다는
바닷가에서 들어보라 바다를
바다는 바다다

바다, 바다, 바다........ . 받아
받아주는 넉넉한 마음에 하늘이 깃든다

감자

감자 깎다 보니
사방팔방 눈뜨는 감자
몸 하나로 뜨는 눈, 눈
눈 속 수천의 눈 본다
눈 닿는 곳마다 길이라고
저마다 동서남북 길을 묻는다
저렇게 눈뜨고 싶어
주어진 길가고 싶어
캄캄하게 겨울을 견뎠으리
감실감실 별 빛쟁여
생의 봄날
보라 꽃으로 피어나고 싶었으리
입춘 지나 내일은 우수
경칩 지나면
오랜 잠에서 깨어난 개구리 소리도
논 밭에 흘러 넘쳐
감자 꽃처럼 환하리라

담쟁이

한참 물오르던 시절부터
찰싹 달라붙어
새끼 꼬듯 몸 꼬며
너 없으면 못산다고
온 몸 녹이며 물고 빨고
비단처럼 감기더니
기우뚱 서 있는 나무
그 요염함에 빠져
풍성한 잎 시들시들 타 들어간다
몇 차례 된서리 치고
채찍 휘두르던 찬바람에
떨어지는 담쟁이 잎
풍문조차 붉다

오래된 컴퓨터

그녀 손가락 하나에
죽고 살던 일이 얼마던가
원격조정 되는 로봇처럼
잘 훈련된 애완견처럼
밥 먹듯이 마주했던 시간
그녀는 나를 열고
기억 속 달팽이 빼 먹듯
삶을 보충했다
영화 보고 노래 들으며
만화 꼴통 시리즈와
고상한 시도 읽는다
뒤돌아보면 자꾸만 까무룩 한
하늘에선 눈발 퍼붓고
악성빈혈이나 황달 병 앓듯이
노랗게 깜박거리다 정신 놓친다
굳세게버티어온 생의 연장선에서
정신 놓칠 때마다

그녀는 철썩철썩 따귀를 갈긴다
잠시, 제정신
하늘은 푸르다
죽기 전 딱 한 번은
제 정신 돌아온다고
유난히 깨끗하고 또렷한 정신
깜깜해진다.

투명한 날의 단상

세상 밖에서
팔딱거리는 심장과 속 내장
선명하게 보이는 물고기 보듯
은밀한 구석까지
훤히 보일 것 같은 날
누군가, 언제나, 그렇게
내 심연까지 꿰뚫어보는
맑은 눈망울 있어
가만히 들여다본다면
그냥, 보일 수밖에
그러므로 일없이 맑은 날은
사는 것이 다 죄인 것 같아
맑은 물에 오장육부 씻고 헹구어
하늘에 널어놓은 빨래처럼
표백시키고 싶기도 해
햇살
투명하고 얇은 날에

차

방아산 산자락에서 어머니가 보내주신
오미자 가시오가피 칡뿌리를 뭉근히 달였다.
산 까치가 따먹고
멧돼지도 파먹었을
시간 고여 제빛 풀어놓았으나
찻잔에 담기니 한 가지 색이다
하늘 땅이 내놓은 오묘한 향연
혈관 속 넝쿨로 감긴다
발부리가 후끈 달아오른다
손끝마다 푸른 새순 돋아날 것 같은
봄기운, 마음속 깊은 곳에서
하늘 향해 입김 분다
마음 시리고 뼈 시린 날
사방팔방 뿔처럼 돋아나는 생각도
뭉쳐서 뭉근히 달이면
다소곳한 한 가지 색 띨까
하늘 땅 아우르는 원동력 될까

떼 산 까치 마을까지 마실온
첩첩산중 흰 눈 쌓인 아침

곤드레 밥

요리책에 없는 곤드레밥, 밥하는 법을 어머니께 배운다

우선 곤드레를 끓는 물에 데쳐야 한다. 설데치면 뼈 있어 질기고 푹 삶으면 씹히는 맛이 없단다 손으로 만져 말캉해지면 데친 나물을 물 커지지 않도록 찬물에 담가 열기를 빼거라 물기가 가신 뒤에, 이남박에 놓고 참기름과 소금으로 무쳐 씻어 앉힌 쌀 위에 얹어 첫 불은 세게 댕기고 끓는 소리가 나면 중불로 잦혀라 사람이나 음식이나 뻣뻣하고 싱거우면 맛도 없고 재미도 없다 적당히 어우러져야 밥맛이 살아난단다
불 댕기는 어머니의 말씀이 내 생의 곤드레밥 되는 순간

익모초

아가 맛보지 말고 꿀떡 삼켜라
익모초 다린 물
한 사발 건네주시던 할머니
쓴 맛에 진저리치며
설레설레 고개 흔들면
운래 몸에 좋은 약은 쓰단다
작은집 셋째 조카며느리는
시집 와 몇 해 동안 아 안들어섰는데
익모초 다려 먹고
아 생겼다고
어여 맛보지 말고 꿀떡 삼켜라
뿌리 대궁 잎사귀까지 푹 우려낸
할머니 말씀같은,

익모초 가지에 보라 꽃이 핀다

달개비 꽃

달개비 꽃은 꽃잎이 달랑 두 잎
꽃잎이 귓속 같다
산으로 들로, 골목길 누비고 다니던 바람소리
쫑긋 귀 세우고

세상소리 다 듣고도
못들은 척
푸른 두 귀

복수초

엄마 몸을 찢으며 머리를 내밀었어요
흥건한 피비린내
목구멍이 자꾸 아려왔지만
피돌기 여리디 여린 몸에
햇살이 흘렀어요
뿌리가 간지러워 꼬물거리며
등밀이 하듯 세상으로 길을 냈어요
먼 길을
파랗게 언 발등으로 걸어온 어둠
찢으며 열리는 문으로
핏물처럼 그리움이 햇살로 고였어요

박씨 아저씨

보름 날이었지

개 여울에 들어앉아 등목 하며

어머니의 이야기 한 자락 자분자분 흐른다

도관리에 상투 할아버지 살았지

늙고 병 들어 곧 죽을거라고

일가친척한테 기별 넣자

동기간들 모여

죽을 때를 기다리는데

사나흘 기다려도

상투 할아버지 세상 뜰 기색 없는기라

큰골에 사는 박씨 아저씨

오늘은 넘기겠어

횃불이나 만들어 가재나 잡지

두루두루 불러모아

샘물 나는 골짜기 가재 골로 나섰단다

그때는 가재도 참 많아서

돌맹이를 뒤지면 술술 기어 나왔단다

다리키로 가득 잡아
고추장 풀고 뽕나무버섯 넣어 끓이면
시원한 것이 맛났단다
밥도 먹지 않은 빈속을
가재로 꽉 채운 다음날
배탈이 났지 뭐야
의원에 가기도 힘든 첩첩산중에서
똥구녕이 막혀버린 거야
박씨 아저씨는
아랫도리 벗어던진후
개여울에 들어앉아
손가락으로 막힌 똥 파내니
술술 술술
쏟아지는 가재 뼈다귀 너 분하게
개울물에 쌓였단다
보름달도 구름 속을 들락거리며
깔깔거리고 웃는 밤이었다

핸드폰

퉁퉁 불은 젖이 돌아 찌르르 진동이 온다, 잠깐 가게에 나가더라도 귓가에 울린다 아기울음 벨소리, 허겁지겁 달려간다. 동네 마실 나가 앉아 있어도 빨리 일어서라는 독촉 진동 다리에 용수철 흔들리듯 떨려온다. 사랑한다는 말 들을 때는 반짝거리는 보석의 문자 가슴에 박힌다. 온몸에, 전해지는 떨림으로 느끼고 소리내며 수 없이 많은 말들을 가슴에 문자로만 찍어내던 시절 지나, 친구가 세상에 부재중이라는 이명의 벨소리 들어야했던 떨림, 노래할 수 있다

고비

세상을 살려면
움켜쥔게 많아야 한다고
뒷산 음지에 사는 고비를 보며
굽은 등 펴는
고비를 보며
움켜쥔 손 펴
마음을 넓혀야
세상 푸른 날개로 살 수 있다는
말 없는 말 듣네

갯여울

    물두꺼비

           모래무지

                쉬리

                    브 러 지

살아가도록
손금 같은 답풍리 가는 길
햇살 은은하게 날아오르는 물잠자리
개울 건너다 꼬리로 툭 쳐도
덤덤히 바라보며
흘러가는
물길, 돌맹이 뒤채이며
물방울 튀어오른다.

송진

햇빛이 닿아 섬광이 일었다
다가서서 보니 이슬처럼
바위 위에 오롯하다
한 쪽 팔 꺾여 허옇게 드러난
청솔나무 가지
뚝뚝 떨군 하얀 핏방울
연탄가스에 큰아들 잃은
슬픈 자국처럼,
바람의 세월 살던 나무처럼
새살되지 못한 흔적
끈적끈적한 그리움 손끝에 물들어
하루종일 향을 사른다

공원묘지

부자도 없고
가난한 사람도 없는 아파트
층층이 세 들어 살며
돌비에 새긴 이름 석자
바람이 읽고 구름이 읽고
빗방울 떨어트렸을까
이사가는 사람 없고
이사오는 사람은
문패 대신 패랭이 꽃을 피운다
오늘, 내가 아는 사람 하나 이곳에 세 들었다
쉬엄쉬엄 찾아간 집
대문을 두드리자
꽃대궁이 흔들린다
마당 가득 패랭이꽃 가꾸고
새들을 불러들이는,
돌아보면 푸른 산

3

어머니

유월이면 손목이 시리다
산후통이라 한다
첫 아이 놓고 닷새 후
철모르고 궂은 빨래
마당이 환하도록 널었으니
얼음집이 되어 바람으로 나온다 했다

꽃샘추위
어머니 날 낳으시고
관절마다 바람 가두셨으니
마디마다 얼음 깨지는 소리
밤이면 더욱 크게 들렸다

어머니 그 속에 내가 있다.

묵묘

오래전에 죽었지
걸어온 발걸음 산 속에서 마침표 찍었지
바다에 강물에 허공에
대부분 자기가 좋아하던 곳에서
마침표 찍더군
죽어서도 산 좋아 산에 사는 사람
육신 벗은 영혼 새처럼 자유롭고
그물에 걸리지 않는 바람 같다고*
인적 끊어지고 낮아진 봉분 위로
달 떠오르지
바람에 떨어진 씨앗
온몸으로 더듬 더듬 더듬이 키워
자라나는 푸른 잎사귀
해마다 꽃 피울적에
바람따라 구름따라
마실 다니듯 다닌다네
가만히 귀 기울이면 산도 희노애락 있어

계곡에 흐르는 물처럼 꽃처럼

음악으로 변주 되더군

세상 없는 사람 그곳에 살더군

*헤르만헤세,데미안중

눈

천지사방 있는 눈 피할 수 없다.
세상 어디든 있는 눈 속일 수 없다.
양심의 눈 감지 마라
밤하늘 어둠 찢고 내려다보는 별눈
대지에 눈뜨는 꽃눈 잎눈
수천수만 개의 눈에 아름다운 영상으로
살아갈 일이다.

나는 누군가의 눈이다.

편지

누군가 편지를 보내왔다
이른 아침 열린 창문 방충망에
우표처럼 붙어 있는 매미
어느 세월 날아왔는지
모시 날개 접고
편지를 낭송한다
한 시간 가까이 목청 돋우어
읽어 내려가는 편지
얼마나 뜨겁고 열정적 내용인지
가까이 쪼그리고 앉아 듣자니
마음이 데일 것만 같다
여름이 내게 보낸 편지 매미

천둥번개와 폭우사이

한 밤 하늘에서 번쩍이며 둑을 무너뜨리는
천둥 번개의 시간 , 잠 깨어
몸 빠져나간 정신은 바람에 날리는 나뭇잎
이리저리 쓸려다니다
말매미 울음 울듯, 쏟아지다 그치고
쏟아지다 그치기를 반복하는 폭우에
흠뻑 젖어 후질근해진 새벽
집 찾아 돌아온 정신
몸까지 젖어 천근만근 바닥에 가라앉는 혼몽함이여

어느 할머니의 고백

내촌 백우산이 온통 불바다가 되었었지
방화범 잡으려 수사망 좁히다 보니
아 글쎄 범인이 팔십 넘은 할머니더래
봄 되어 나물하러 산 오르는데
싸리 가지가 자꾸 귀때기를 갈기더래
자꾸 맞다 보니 부아가 치밀더래
그래서 앞치마 가득 솔방울 모아 불 놓으니
솔방울이 떼굴떼굴 구르며
여기저기 불붙였다고
불탄 산 고사리 많이 올라온다며
꽃바람 불어오는 산기슭에 앉아
어머니가 들려주시던 어느 할머니의 고백
나물 짐 진 허리에 브레이크 걸리는 봄날

공원묘지에 걸린 프랑카드

지난해부터 공원묘지에 걸려 있는 플래카드가 바람에 펄럭인다
묫자리를 이장하신 분이나 목격하신 분 있으면 연락 바랍니다
아버님을 잘못 모셔갔습니다 --
군중 속에서 손 놓친 어린아이처럼
저 많은 봉분 사이 사라진 봉분
돌아가신 부모님을 또 잃어버리다니
새로운 세상 입성할 때도 이름표 꼭 필요한가
저렇게 많은 분 올망졸망 앉아 있어도 말 없으니
이승과 저승은 얼마나 멀고 깊은가
아버님을 잘못 모셔갔습니다
아주 애타게 기다리고 있습니다 --
넋은 있고 없고 백골 되어도 부모는 뿌리인 것을
얼마나 캄캄할까

응복산

한 모금의 물 밀어 올리는 굽이굽이 힘겨운 능선
숨이 턱턱 차오릅니다
잠시 숨 고르며 바라본 하늘 흰 구름은 무심히 흘러갑니다
한여름 털옷 두른 오소리 능선 가로질러가
여기도 높은 산인가 생각하다 봉우리 하나 넘습니다
우후죽순 올라온 다양한 버섯, 부패한 버섯의 고약한 냄새
사람 사는 세상과 다름없어, 독버섯은 왜 화려한가 중얼대며 걷습니다
땅속으로 흐르는 물소리 산 울리고 발끝 아파 봉우리 봉우리 되짚어 보면
길은 아득하고 입술은 소금 맛입니다
높이 올라갈수록 골바람 서늘하게 불어오고 하루해는 짧습니다
물론 날 좋은 날엔 둥근 보름달도 떠오르지요
참나무엔 겨우살이가 세 들어 살아갑니다

구름도 울고 넘는다는 산, 세찬 빗줄기에 흠뻑 젖어 안개도 피어납니다
사노라면 속절없이 비바람에 젖어 꺾이고 미끄러지고 구를 때도 있습니다
아찔한 순간들이 파고로 밀려와 일만 이천 봉 넘고 넘는 생,
땀방울 등 줄기 타고 흘러 신발 적셔도
뚜벅뚜벅 걷노라면 하늘정원에 이릅니다.
눈 부신 햇살이 내립니다.

리모델링

식탁을 마주한 소담에서 누군가 말했다
오십이면 인생도 리모델링? 해야 한다고
그 나이 늦지 않겠다 싶어 고개 끄덕인다
나무 이야기가 있는 카페 2층으로 옮겨
자작나무 빈 가지로 서 있고
삽살개 꼬리 흔드는 화폭속 저녁 풍경 바라보다
지난 생 갈아엎을 수 없고
묵은 시간 하얗게 색칠할 수 없어
그냥, 착하게 살기로 한다

불씨

어둠 속에 불타던 시간
몸으로 옮겨가
화학요법으로 전소시키려 해도
번지는 불길 막을 수 없다.
암꽃은 전이 되고 있다
우울한 시간 말아
불씨 놓은 것도 아닌데
눈망울엔 불꽃이 너울거린다
마음도 오래 비비면
온몸 태우는 불씨 되는가
사람들은 빗물 되어
그를 적시지만
몸부림으로 진액이 흐른다
팔다리가 오그라든다
지워지지 않는 추억
첫눈 같은 여자
그리움 불씨로 남아

사위어 가는 시간
안간힘으로 견디는 그 남자

지주막하 출혈

머리 숲에 딱따구리 찾아와 콕 콕 쪼아대다 가버린 후 살얼음 끼듯 불편하고 울컥울컥 토악질이 올라왔다.

 일상이 멈추는 순간,
도무지 밖에선 보이지 않는 나뭇가지로 뻗은 혈관 구석 구석 카테터 돌 때 의식 속에선 번쩍번쩍 치지직, 천둥번개가 쳤다.

누군가의 입김으로 돌아가는 바람개비처럼 보이지 않는 실상이 삶을 지탱하고 있었다는 생생함, 보이지 않는 것들의 중요함이라니

생각의 흐름 막히면 마음 시달리다 출혈 오고 삶의 방향도 바뀌는가
간호사가 링거 매달고 피 뽑는 동안 코로나19는 쓰나미로 세계를 휩쓸었다.

죽음의 소용돌이 속에서도 봄빛은 걸어 나오고 스멀스멀 새어나간 혈액 안개처럼 걷히고 있다.

자작나무

마음속에 바람이 일어
그의 생은 늘 발 시리고, 춥다.
그는 피 같은 시를 쓰고
사람들은 수액 같은 시를 읽는다
바람은 휘파람 소리로 변주된다
외로움에 뻗은 가지 달빛 젖어
멀리 보이는 십자가 불빛 향해 가지만
그가 진정 원한 건 무엇이었을까
하늘이 그의 시간 뒤적이다
햇빛 한 줌 풀어 놓아도
그의 삶은 늘 눈 덮인 허허로운 벌판이다
언제부턴가 몸속에 자라난 검은 혹 덩어리
문명의 칼날이 헤집어 놓지만
바람 속에 서 있는 존재의 허무
세상 밖 분주한 발걸음 속 가고 있을 그 남자, 자작나무

너

지금 생각난듯 핀 꽃

나의 사랑

나의 기쁨 그리고 행복

너를 보며 웃는다

너의 볼에 입맞춤 한다

오랜 기다림

가슴 앓이

시린 손

지난 시간속에 흘려보내고

생각난듯 활짝 피어

산모퉁이 돌아오는 바람으로

지금 내 마음 꽃빛으로 물 들인다

산책

글자 없는 책 읽으며 나대는 심장
시간 가는 줄 모르고
일찍 깨어난 괴불꽃 꽃술이 파리하다.
고지에 닿기 위해
마음 근육 키우며 읽는데
딱따구리가 먼저 와서 경을 읽는다.
엘리뇨 현상으로
가뭄과 산불,
송충이들의 습격
나무들은 전쟁을 치렀다
나뭇잎 주고 꽃도 내주는 수난 겪으며
처절하게 몸살 앓았지만
봄은 다시 온다
주먹 쥐고 달려 나온 푸른 잎들,
아까시나무 참나무 밤나무
환한 웃음으로
늘 한결같은 오랜 친구들 같다

고통으로 일그러진 시간의 터널 지나고 보니
고요하더라 말해준다.

낚시

세월의 실타래 바다에 풀어놓고
무심히 당겼다 놓았다
콧노래 바람에 날리네
푸르른 청춘 동백꽃처럼 붉었어라
거센 파도 갯바위 집어삼키듯
생은 불온하고
세상은 헤아릴 수 없는 바다
끝없이 펼쳐진 수평선으로 짐작해 보네
새가 새 잡아먹고 뱀이 뱀 잡아먹고
물고기가 물고기 잡아먹는 약육강식
탐욕이 난무하는 세상 저편에 두고,
바닷가에 앉아
"낚시질도 죽이고 살리는 권세를쥐고 있다" 하니
무심줄 당겼다 놓았다 세월을 낚네
바다를 낚네!

""채근담

도시락 봉사

가까이 다가가도 알아보지 못한다. 물거미처럼 방안 가득 공기만 부풀리고 있다
눈물방울 메마른 눈 몽환의 달은 어디쯤 떴을까
독거노인의 방안 공기를 접속할 때마다
좁아진어깨 위에 내려앉은 외로움
끈끈한 거미줄 묻어난다
얼크러진 일주일 햇살로 펴서
신문처럼 쌓아놓고
방 문밖까지따라오는 거미줄 애써 걷어내며
거두어 가는 빈 도시락
덜그럭덜그럭 낮달이 따라온다.

낙엽

두텁게 쌓이고 쌓여도 부서져 내리는 사랑
바람에 날리는 이별
발목 감싸안고 흐느끼는 가을

뼈마디마다 불어오는 바람
갈까마귀 날아와 손가락 쪼아대는
쓸쓸한 길

노을 깊이 손 찔러넣고
묵묵히 걸어가는 길

바람에 실려
가지 끝 아련히 들리는 노랫소리

어쩌다 문득

서석 지나 행치령 지나 산행 다녀오다 서석 풍암리를 지나치며, 아버지 산소 다녀온 지도오래됐구나 생각하다 문득, 아 아버지 보고싶네 보고싶어도 볼 수 없는 그리움 사무치는 순간, 나도 몰래 눈가에 이슬 맺히네. 세상 떠나시던 날 온몸에 수분 눈물로 쏟은 거 같은데 그리움은 끊임없는 눈물인가 자꾸 눈물이 나네, 엄마 고생 시키며 술독에 빠져 사시던 아버지! 원망도 미움도, 이해할 수 없었던 아버지의 삶도, 쌓이는 세월의 더께에 삭아 내렸는가 안 좋은 기억들 다 걸러지고 그리움만 남았는가 어쩌다 문득, 보고 싶다는 생각이 드는 건 나이 먹는 까닭인지

목욕

모든 소리와 멀어져가는 귀,
사물들이 점점 지워지는 눈,
먼 옛날로 돌아간 기억,
스스로 일어서지 못하는 작아진 몸
구십 넘은 시어머니 목욕을 시킨다
밖은 삼십오도 폭염인데 춥다고
따끈따끈한 물로 비누 거품 내며
앙상해진 몸 씻긴다
들판에 야생화처럼
사남매 키우고
여섯 손주 키워낸 몸이라니
새끼들에게 온몸 내어준 노랑염낭거미 같은
힘의 원천은 무엇인가
한없이 주고 또 주고
받는 일에는 늘 주저주저했던 삶
폭염에 풀잎 같은 머리카락 감기며
가슴을 타고 흐르는

눈물인지 땀방울인지

온몸으로 젖는다

빗소리에 갇히다

아침 해도 노을도 닿지 않는
굴속 같은 작은방
창문 열고 빗소리 가득 들이니
훅 뛰어드는 흙 내음
밤새도록 울어대던 고양이는 사라지고
가끔 빗소리 누르며 지나가는 자동차 소리
비 그치면 벚꽃도 다 떨어져
꽃진 상처마다 푸르게 번질 명
만남은 짧고 이별은 아쉬움을 남긴다
똑똑 또르륵 처마 끝에 떨어지는 빗방울
마음속 둥근 고요 불러올 때 있으니
하루 종일 빗소리에 갇힌다.

4

기억속에서 실종된 비밀번호

구석구석 헤집고 다녀도 남겨진 흔적 없고
실타래로 엉킨 머릿속 혼란스럽다
안개에 가려진 산처럼 하얗다
집 나간기억찾습니다
광고라도 해야 하나
어디서 헤매고 다니는지 오리무중이다
아침 산책길이나, 풍물장 사거리에서
불쑥 튀어나올 듯도 한데
누군가 보시면 연락해 주시길
기다려보기로 한다 기다려도
돌아오지 않으면
신분증 지참하고
실종된 기억 찾아달라 은행으로 가야 하나
은행에 가면 찾을 수 있으려나

치악산

비로봉 돌탑 두 귀처럼 하늘 향해 세우고
웅크리고 앉아 있다
비 그친 날 가끔 무지개 두르고
흰 구름 모자 쓰지만
스스로 하늘에 갇힌다
봄 여름 가을 겨울, 계절의 전령들이
새롭게 옷 갈아입힐 때마다 쌓여가는 시간
시간 속에 갇힌 묵어
바람 소리만 공허한 세월
불쑥 얼굴 내미는 아침햇살
가슴 깊이 빨아들인다
범람하는 빛 속에 둥둥 마음 띄워놓고
바라보며
생각에 잠기는 치악산

지진

집이 흔들렸다

발 밑으로 두더쥐 지나가듯

우루루 우루루 창문이 운다

땅도 우는구나

흐느낌이 온몸으로 전해진다

울지 마라 울지 마라

네가 울면

갈라진 가슴 피눈물 넘친다

강 하나 사이에 두고

문턱 낮은 집
인기척으로 주인 알아보던 강아지
컹컹 짖으며 쫓아 나와 꼬리 흔들고
신발 핥아대던 곳,
기와나 스레이트 대신
보온 덮개로 지붕 덮어
버섯이 꽃으로 피어나던 지붕 낮은 집
시간의 리듬
메조포르테, 메조포르테 살아나
사랑이 점철되고
내 몸으로 흐르던 그곳
가난, 깃털로 날리던 청춘
딸기나무 무성하던 방죽길
강 하나 사이에 두고
이편에서 저편 바라보다
어둠이 내린다
무심코
마시던 커피 위염이 아프다

고향

바람에 코끝을 대어본다
큰구름 작은구름 물나미
솥단지 걸어 감자 삶고 가재잡던 가는골
돌배나무 돌배 발효되던 가마소
계곡마다 별빛 쏟아지고
반딧불이 춤추던 곳
우람한 전나무 천둥처럼 서 있는
꿈길에 달려가던 내 어린날의 그 곳
사는 일 텁텁하고 숨막힐 때
봄바람에 민들레 홀씨처럼 두둥실 가고 싶은곳 허리에 다래키 차고
취나물 곤드레 달래 냉이 나물 캐다
달래 냉이 된장국에 구수한 곤드레밥 먹고싶은 그곳, 내 고향

날개

초파리보다 조금 더 큰 날벌레가
베란다 구석에서 나와 기어간다
너에게 가려고 강을 만들었다 시집 읽다
날벌레 움직임을 읽는다
베란다 이 끝에서 저 끝까지 기어가더니
절벽 같은 베란다턱 기어내려 가더니
무슨 생각에 다시 끙끙 기어 올라온다
힘들었는지 잠시 쉰다
창문으로 오후의 햇살 이불 펼치니
이불위로 뛰어다니는 아이처럼
햇살 하나 입에 물고
왔다갔다 정신 없이 다닌다
날벌레는 한 번도 날지 않았다
날개 있다는 사실 잊어버린듯
푸드득 날개짓도 없다
어느날 문득
허공 차고 날아오를 날개

춘곤증

봄볕 들어오는 오후 쇼파에 앉아
소크라테스 익스프레스 소로처럼 보는 법을 본다
고독, 간소한 삶, 자연주의
그의 이야기는 먼나라 이야기인가
아득해지고
졸음은 깨알로 쏟아진다
젖은 몸 터는 짐승처럼 털어내도
눈꺼풀은 암막 되어 내린다
창문 난간에 기대앉아 꾸벅꾸벅 졸다
떨어져 목 부러져 죽은사람 있다는
성경 이야기 들으며 자랐는데
술에 취하듯 잠에 취해
몽롱한 정신 몸을 제어할 수 없다
쿠션을 껴안고 나른하게 빠져드는
춘곤증 블랙홀
햇살에 돌돌 말려 몸을 오므린다
봄은 비몽사몽 오는가

굿모닝 원룸

이집저집 전전하던
몸 둘 곳 없는 사람들이 살아가는 원룸촌
이른 새벽부터 불이 켜진다
하루치 양식을 얻기위해 공단에 나가는
이제 갓 스물 넘긴 베트남 청년들과
건축현장에 나가는 사람들
부모 형제 그리운 고향, 밤의 갈피에 접어 두고
무엇이 저들을 이국땅까지 오게했을까
그늘진 골목 바람 유난히 추운데
한 여름엔 그래도 시원하다는
주인 여자의 말 햇살되어 등에 내린다
남루한 시간 견디며
소라게처럼 몸만 빠져나가는 골목
갈라진 담장 밖으로 굿모닝!
민들레꽃이 노랗게 웃으며 인사를 건넨다

꽃

아직 이름도 모르는데
깨알같이 피어난 보라 꽃
내 웃음이 꽃으로 핀다
몸살 앓던 몇 개의 시어가
내게로 왔다
꽃 한 송이에도
하늘이 있고
어둠이 있고
별이 있다니
낮은 창틀 너머
노을을 배경으로
꽃을 걸어두었다
꽃은 박제도면서도 향기롭다

꽃송이 버섯

신부 손에 들린 부케
한다발 수국처럼
고산지대 침엽수 발부리에 피어난다네
극진한 대접 받는다네
산골짜기 산꾼에게
밥상 차려주기도 한다네
산 봉우리 넘고 넘어
꽃송이 하나 가슴에 안으면
은은한 솔향기
가끔 꽃송이 속에 뱀들이 있어
손가락 물릴까
멧비둘기도 꾹꾹꾸르륵
꽃송이 두 세송이 등에 짊어지고
어화둥둥 물 건너 산 넘으면
사람은 없고 꽃송이버섯 꽃송이만 흔들리네

지지대

지난밤 무진장 내린 장마비에
쓰러진 산나리꽃
누군가 일으켜 세운 지지대
장미향 라일락향
고운 마음일거야
돌아보면
구비구비 인생길,
내게도 어깨를 내준 사람들
나도 산나리꽃같은 존재였구나
생각하니
함초롬히 미소짓는 얼굴들
산나리꽃에 지지대 맞세우니
산지기 뻐꾹새도
뻐꾹 뻐 뻐꾹

강물

쉴새없이 내달리던 강물, 물은
제몸에 뼈를 세워 길을 만든다
뼈속까지 겨울이다
간밤에 내린 눈
강 바람이 쓸며 간다
충주호 강변
울며 불며 엄마를 찾던 친구
발자국 떠내려와
물의 뼈에 걸렸다
밤이면 강물도 쩡쩡 울었다
마지막 눈꽃 꽃상여 꾸미던 날
강물은 물의 뼈 추스려 안고
먼 길 간다
하늘도 기억하는가
강 저편 노을이 붉다

그림자

마음에 불이 켜지면 삶의 뒤편이 그림자처럼 따라온다. 손짓 발짓 몸짓 흉내내는 인형처럼 따라온 그림자, 그림자가 따라온건지 그림자에 쫓긴건지 그림자에 내가 먹힐때도 있다 나도 모르게 따라온 그림자, 세상 그 무엇도 벗어버릴 수 없는 그림자, 그림자는 왜 생기는가 이순 문턱에 이르러 생각난듯 마음에 불 켜니 잠자던 그림자들 호명하듯 일어나 야단법석, 높은 하늘 흰구름 높은 산 그늘 되고 아롱거리는 물그림자 물고기 그늘 되는데 오래된 느티나무처럼 지친 발자욱 쉬게 하는 그늘 하나 있었는가

뽕잎

사월 마지막 날
산 속에 들어가 뽕나무 햇순을 땁니다
방안 가득 누에 키우던 어린시절
누에 뽕잎 먹는소리
숲속에 잔잔히 내리는 빗소리같고
푸른향 싱그러웠는데요
푸른 뽕잎만 먹고
순백의 실은 어디서 생기는지
청솔가지 가득 누에 올리면
뽕나무 몇 그루의 힘으로
하얀 고치 짓고 번데기 되던
누에고치, 신발이 되기도하고
화롯불에 익어가는
고등어 되기도 했던,
뽕잎 따다 뽕잎밥 해 먹고
명주실처럼 뽑아내는 시 로
나도 향기로운 순백의 시집 한 채 짓고 싶습니다

시위

강기슭 원추리꽃에 앉았던 잠자리
텃밭 고춧대에 앉았던 잠자리
옥수수 쬐꼬리에 앉았던 잠자리
빨랫줄에 앉았던 잠자리
호박잎에 물구나무 서던 고추잠자리
하늘 마당에 구름 천막 걸어놓고
잠자리들이 다 모였다
꼬리를 말았다 펴며
힘찬 날개짓 하며
이만팔천 개의 눈 뜨고
시위를 한다
수질오염 막아라
환경 파괴자 체포하라
제초제 살포 금지하라
허공이 들썩 들썩한다
하늘이 잠자리 통해 하시는 말씀
귀 있는 자는 들으시라

독립하는 딸에게

너는 대지에 던져진 씨앗이다
네 꿈이 무엇이더냐
깊은 잠에서 깨어나
너를 가두고 있는 껍질을 깨트려라
파도에 밀려가 자리 잡은 난초처럼
바람 타고 내려앉아 꽃피는 민들레처럼
너의 세상을 이루어라
네가 서는 그곳에서
꿈을 길어 올리고 꽃 피우거라

노구

삶의 무게에 활처럼 휜 등
지팡이 없으면 불안하다

닳아버린 관절
뼈와 뼈 마디에선
얼음 깨무는 소리

집 울앞뜰에 풀 뽑으려니
풀이 몸을 잡아 당긴다

산해진미 차려 놓아도 씹을 수 없고
점점 어두워지는 귀
좋은 옷 차려 입어도 멋이 없다

자식들이 보낸 용돈 있어도
몸이 무너져 마음대로 여행할 수 없다

사람들은 좋은세상 이라 말하는데

되돌릴 수 없는 세월

노구를 이끌고

때 때로 마음은 청춘이라니!

물푸레나무

하얀 눈이 소복소복 쌓이는 겨울밤
등잔불 아래 앉아
따다닥 따다닥
물푸레나무 가지 관절 꺾으며 잣을 깼네
송진향 깃든
고소한 잣 잘근잘근 씹으면
눈은 내려 창호지문에 어룽어룽
마른 옥수수 송곳으로 타개던 할아버지는
얼음이 서걱거리는 동치미 국물을 마시며
어허 시원하다!
숭숭 썰어넣은 무우를 우적우적 씹어 먹으며
겨울 밤은 깊어 눈은 내리고 하염없이 내리고
날 밝아 한 낮이면
한가해진 사람들 동네 시장 한 복판에
멍석 깔고 모닥불 피워 놓고
김치 안주에 막걸리 돌리며
모나거라 윷나거라

물푸레나무 윷가락 떨어지는 찰진 소리
나뭇가지 쌓인 흰 눈 후루루 쏟아지고
흥겨워 동네가 들썩들썩 떠들썩하곤 했네
가난해도 가난한 줄 모르던 시절
때로는 무슨 잘못인지
아이들 종아리에
아리게 피어나던 물푸레나무 푸른잎
물푸레나무 기억을 열면
옛 이야기 하얗게 소복소복 쌓이고

오피스텔 복도에 핀 우산꽃

딸이 출근하며 찍어 보낸 사진 속, 오피스텔 복도에 활짝 핀 우산들 태풍 힌남노 영향으로 비 맞은 시간 펼쳐놓았다. 백두대간 바람앞에 알록달록 핀 꽃처럼 저 우산을 쓰고 출근하고 지하철에 흔들리며 거래처로 은행으로 식당으로 분주하게 다녔을 마음들, 곤히 잠든 복도에 젖은 하루 말리며 핀 우산 바라보다, 집집마다 삶을 지탱할 우산 있어 다행이다 생각하면, 자동으로 펼쳐지는 힘 활짝 피는 우산꽃

능이1

팔백고지 북방향 능선자락
비바람 천둥번개 땅 두드려 깨어나면
바람의 부채질에 땅심 받아 자란다네
풀, 꽃, 흙, 나무향 어우러진 꽃접시 같은
산이 주는 선물 귀히 여겨
이웃과 함께 둘러앉아
달그락 달그락 후루룩 후루룩
한 상 차림 능이백숙
아침안개 온 산 감싸안던 우주의 기운 먹고 마시니
우리네 숨결,
풀꽃내음 흙내음 묻어나지 않겠는가

능이 2 (두드러기)

산 능선을 몇 개 넘었는지
시간은 기다려주지 않고
하루해는 짧아서
바쁘게 오르내린 산행이 화근이었어
온몸에 툭 툭 붉어지는 것들
전조증상은 가려움이었어
능이 돋을 무렵
산 능선도 밤낮으로 가려웠을 거야
그래서 바람 부는 쪽으로 돌아앉았는지 몰라
산 능선 따라 돋아난 능이
바위 밑에 무덕 무덕 자란 다발 능이
몸을 뚫고 나오는 건 통증이야
산꾼들 능이 따며
토닥토닥 산을 두드리며
감사합니다, 감사합니다. 하는 것은
고통으로 얻은 기쁨크기 때문이야
온몸 가렵고
줄 능이처럼 돋아나는 두드러기는
산을 앓고 있기 때문이야

돋아나고 피어나는 말
김수용 시집

2025년 5월 30일 인쇄
2025년 5월 31일 발행

지은이 김 수 용
펴낸이 신 용 호
펴낸곳 창조문학사

서울 서대문구 홍은동 397-26 동천아카데미 5층
등록번호 제1-263호
　　전화 374-9011, Fax 374-5217
공급처 한국출판협동조합 전화 716-5616~9

저자와 협의에 의해 인지를 생략합니다.
파본은 바꾸어 드립니다.
　　값 10,000원
　　ISBN 978-89-7734-815-8